Vente du Samedi 17 Février 1872

HOTEL DROUOT, SALLE N° 2

CABINET D'UN AMATEUR

TABLEAUX

ANCIENS

EN PARTIE

DES

ÉCOLES FRANÇAISE ET HOLLANDAISE

EXPOSITIONS

PARTICULIÈRE, LE JEUDI 15 FÉVRIER 1872

PUBLIQUE, LE VENDREDI 16 FÉVRIER

Mᵉ CHARLES OUDART, COMMISSAIRE-PRISEUR

M. EMILE BARRE, EXPERT

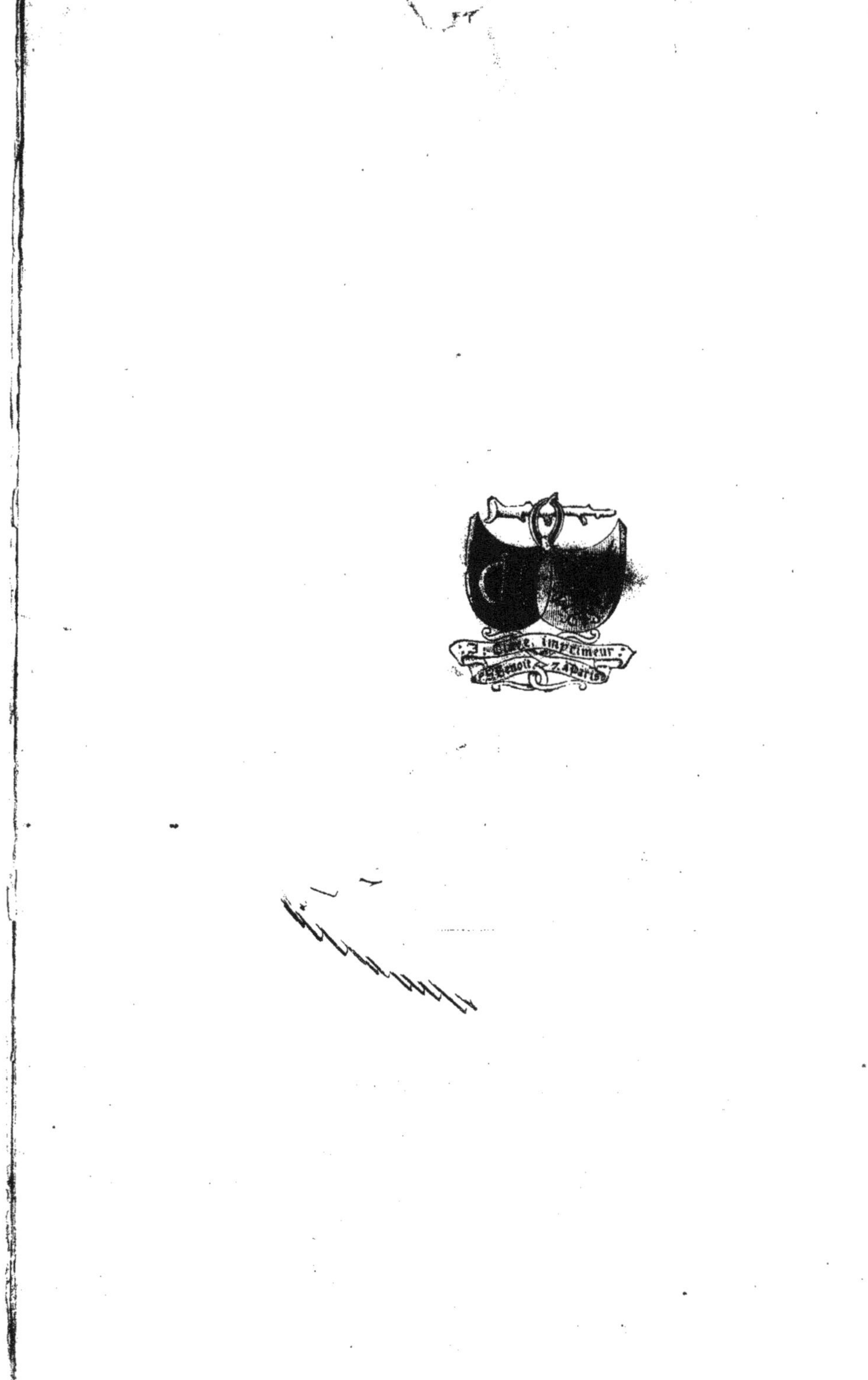

....e, imprimeur
..Benoit... 7. à paris

CONDITIONS DE LA VENTE

Elle sera faite au comptant.

Les acquéreurs payeront *cinq pour cent* en sus du prix d'adjudication.

—————— ❧ ——————

L'Exposition mettant le public à même de se rendre compte de l'état & de la nature des tableaux, il ne sera admis aucune réclamation une fois l'adjudication prononcée.

CATALOGUE

D'UNE INTÉRESSANTE COLLECTION

DE

TABLEAUX

ANCIENS

EN PARTIE

DES

ÉCOLES FRANÇAISE ET HOLLANDAISE

COMPOSANT

LE CABINET D'UN AMATEUR

DONT LA VENTE AUX ENCHÈRES AURA LIEU

HOTEL DROUOT, SALLE N° 2

Le Samedi 17 Février 1872

A 2 HEURES 1/2

PAR LE MINISTÈRE DE Me CHARLES OUDART, COMMISSAIRE-PRISEUR

31, rue Le Peletier

ASSISTÉ DE **M. ÉMILE BARRE**, EXPERT

20, Chaussée-d'Antin

Chez lesquels se trouve le Catalogue

EXPOSITIONS

PARTICULIÈRE, LE JEUDI 15 FÉVRIER 1872

PUBLIQUE, LE VENDREDI 16 FÉVRIER

DÉSIGNATION
DES TABLEAUX

BEAUBRUN

1. — Portrait de Louis XIV enfant, en costume de
cérémonie.

BEAUBRUN

2. — Portrait du prince de Condé.

Il est revêtu d'une armure et a la main appuyée sur son
casque.

BÉNARD

3. — Le Repas champêtre.

Des soldats et des paysans avec leurs femmes sont assis
au milieu d'un bois, occupés les uns à préparer le repas, les
autres à boire et à fumer.

BLARENBERGHE (Van)

4. — La Partie de campagne.

> Au milieu d'un riant paysage montagneux traversé par un cours d'eau, divers groupes de dames et de seigneurs s'amusent les uns à boire et à danser, les autres à faire une partie de bateau. Dans le fond on aperçoit un village et un grand nombre de petites figures. Œuvre d'une grande finesse d'exécution.

BOUCHER (F.)

5. — Portrait de Mme de Pompadour.

BOUCHER (F.)

6. — Jupiter et Calisto.

CAMPHUYSEN

7. — Le Départ pour le marché.

CANOT

8. — Dans un salon de style Louis XV, des dames et des seigneurs sont occupés, les uns à jouer, les autres à lire.

CANOT

9. — Réunion galante dans un parc.

Ces deux gracieuses compositions forment pendants.

CLOUET (Janet)

10. — Portrait de François Ier, duc d'Alençon.

Il est représenté en buste, la tête couverte d'une toque

CORNEILLE (De Lyon)

11. — Portrait de seigneur en costume de l'époque de Henri III.

COYPEL

12. — La Réception de Don Quichotte au château.

CRANACH (Lucas)

13. — Portrait d'un savant.

Il est couvert d'un vêtement orné de fourrure et tient un livre à la main.

DEKKER

14. — Maisons rustiques au bord d'un canal sur lequel
on voit des barques de pêcheurs.

DEMARNE

15. — Vue des bords de la mer à marée basse

Des pêcheurs sont occupés à étaler leurs poissons.

DROUAIS

16. — Portrait de jeune garçon en costume de fan-
taisie.

DROUAIS (Hubert)

17. — Portrait de Marie-Antoinette.

FERG (François)

18. — Le Concert dans le parc.

FERG (François)

19. — Le Déjeuner.

Pendant du précédent.

FRAGONARD (H.)

20. — Répétition du ballet d'Armide, par des personnages de la cour, au palais du grand Trianon
à Versailles.

GREUZE

21. — Portrait de jeune fille.

> Elle est représentée le coude appuyé sur une table.
> Très-bon échantillon du maître.

GOYA

22. — L'Écrivain public à Madrid.

GUARDI

23. — Vue des bords de la Tamise et de l'abbaye de
Westminster.

HALS (Franck)

24. — Nature morte.

> Une femme et sa servante en costume de l'époque
> Louis XIII sont occupées à arranger des poissons sur une
> table déjà couverte de gibier, de fruits et divers accessoires.
> Composition capitale.

HEEM (David de)

25. — Fruits, coquillages et nombreux accessoires posés sur une table couverte d'un tapis.

Composition capitale.

HEYDE (Van der)

(Signé)

26. — Vue de la ville d'Amsterdam.

HOBBEMA (M.)

(Signé)

27. — Environs de Groningue.

A l'entrée d'un bois bordé d'un lac on aperçoit une petite embarcation. Dans le lointain un coup de soleil éclaire un château et quelques masures cachés dans un bouquet d'arbres. Tableau original d'un très-piquant effet.

HONDEKOETER

28. — Sur un arbrisseau orné de chèvrefeuille, un paon est agacé par un singe; autour, divers animaux et volatiles.

HOLBEIN (LE VIEUX)

(Signé et daté 1523)

29. — Portrait de seigneur.

Il est représenté en costume de velours rouge, la tête couverte d'une toque ornée de plumes.

HOREMANS

(Signé)

30. — Intérieur hollandais de l'époque de Louis XIII.

HOREMANS

31. — Le Repas.

Ces deux tableaux forment pendants.

HUBERT-ROBERT

32. — Laveuses au bord de la terrasse d'un château en ruine.

HUBERT-ROBERT

33. — Monuments en ruine, avec figures.

HUBERT-ROBERT

34. — Pendant du précédent.

HUET

35. — Jeune femme assise dans un parc et jouant avec un épagneul.

JOULIN

36. — Les Plaisirs de la campagne.

KALF (G.)

37. — Citrons dans un plat et accessoires posés sur une table couverte d'un tapis.

KALF (G.)

38. — Vases et objets divers.

Pendant du précédent.

KONING

(Signé)

39. — Bouquet de fleurs dans un vase, coquillages et accessoires posés sur une table.

LANCRET

40. — La Danse villageoise.

LANCRET

41. — Le Concert.

LANCRET

42. — Le Galant Jardinier.

LAJOUE

43. — Intérieur de parc avec terrasse et jets d'eau.

Charmante composition ornée de figures.

VIGÉE - LEBRUN (Mme)

44. — La Jeune Mère.

VIGÉE-LEBRUN (Mme)

45. — Portrait de dame en pied, tenant son enfant à la main.

LEDOUX (Mlle)

46. — Tête de jeune fille.

LEDOUX (Mlle)

47. — Tête de jeune garçon.

LEPRINCE ET LONTHERBOURG

48. — L'Embarquement; effet de soleil couchant.

> Des dames et des seigneurs en costume Louis XVI descendent de la terrasse d'un château et se disposent à faire une promenade en mer. Un vaisseau salue d'une salve de coups de canon leur arrivée dans le bateau.

LONGHI

49. — La Toilette du matin.

LONTHERBOURG

50. — Bergère et son enfant gardant des moutons.

LORRAIN (Claude)

51. — Palais et monuments au bord de la mer ; dans le lointain, diverses embarcations.

Dans cette œuvre intéressante du maître, les figures sont peintes par Courtois.

MAAS

52. — Portrait de vieille femme.

Elle tient un livre d'une main et ses lunettes de l'autre.

MIERIS (François)

(Signé et daté)

53. — Le Départ.

Un personnage à barbe grisonnante termine les derniers apprêts de sa toilette, tandis qu'une dame, assise sur son lit, tient à la main les papiers et sacoche qu'il doit emporter.

Ce tableau, d'une exécution très-précieuse, provient de la collection Martial Pelletier.

MIGNARD (P.)

54. — Portrait de dame de la cour de Louis XIV, en Cérès ; près d'elle un Amour tient une faucille.

MIGNARD (P.)

55. — Autre portrait de dame de la cour de Louis XIV
en Flore ; à ses côtés un Amour tient une
guirlande de fleurs.

Ces deux beaux portraits forment pendants.

MOLNAERT

56. — Le Débarquement des pêcheurs aux environs
de Scheveningue.

NETSCHER (G.)

57. — Enfants jouant aux dés au milieu d'un jardin
orné de statues.

OUWATER

(Daté 1780)

58. — Habitations de pêcheurs au bord d'un canal.

OUWATER

59. — Environs de Dortrecht.

Ces deux tableaux, d'une très-fine exécution, forment
pendants.

PETERS (B.)

60. — Mer houleuse.

— PORBUS (Le Vieux)

— Portrait de seigneur en costume noir et colle-
rette blanche.

PRIMATICE

62. — Vénus et l'Amour.

PRUDHON

63. — Ah! les jolis petits chiens!

> Ce tableau, gravé sous ce titre, provient de la collection
> Henri Didier.

REMBRANDT

64. — Portrait de la sœur de l'artiste.

> Elle est représentée à mi-corps, tenant une plume à la
> main et la tête couverte d'une toque.

REYNOLDS

65. — Portrait de petite fille.

Elle est représentée tirant de l'arc.

RICCI (S.)

66. — Le Festin de Balthazar.

SCHALL

67. — L'Amour triomphant de Vénus.

SCHENEAU

68. — Le Chien favori.

SCHENEAU

69. — La Tasse de thé.

Ces deux gracieux tableaux forment pendants.

SCHWEICKHARDT

(Signé et daté 1783)

70. — Extérieur de ferme aux environs de La Haye.

SENAVE

71. — Intérieur rustique.

STEEN (Jean)

72. — La Déclaration.

Collection Kalil Bey.

STEENBERGEN

(Signé)

73. — Fruits, coquillages et objets divers posés sur une console.

STEENBERGEN

74. — Gibier, fruits et fleurs.

Pendant du précédent.

TAUNAY

75. — Scènes de boxeurs sur l'ancienne place Trafal-gar, à Londres.

VANLOO (J.-B.)

76. — Portrait de jeune fille, la tête couronnée de
roses et tenant une coupe à la main.

WATTEAU

77. — Le Guitariste.

WATTEAU

78. — Jeune femme et son enfant assis dans un parc.

WATTEAU

79. — La Déclaration.

Ces deux dessus de porte forment pendants.

WATTEAU

80. — Le Singe artiste.

Ce tableau est gravé.

WATTEAU

81. — Jeune garçon se livrant au plaisir de la danse.

ANCIENNE ÉCOLE FRANÇAISE

82. — Portrait de Marguerite de Valois.

Elle est représentée à mi-corps vêtue d'un riche costume orné de bijoux, et tenant un médaillon à la main.

ANCIENNE ÉCOLE ALLEMANDE

83. — Portrait de François II, empereur d'Allemagne.

Il est représenté coiffé d'une toque noire ornée d'un médaillon à son initiale, et porte un vêtement orné de fourrure sur lequel tombe l'ordre de la Toison d'or.

PARIS. — J. CLAYE, IMPRIMEUR, 7, RUE SAINT-BENOIT. — [257]

www.ingramcontent.com/pod-product-compliance
Ingram Content Group UK Ltd.
Pitfield, Milton Keynes, MK11 3LW, UK
UKHW031706170726
13836UKWH00001B/56

A LA MÉMOIRE

DE

LÉON MESNY DE BOISSEAUX

FRANC-TIREUR DE LA COMPAGNIE DU JURA

Massacré à Nuits, par les Prussiens, le 20 novembre 1870,
à l'âge de 18 ans.

NOTES DE SA MÈRE

ET SOUVENIRS DE SES AMIS ET FRÈRES D'ARMES

PAR

Mme veuve **MESNY DE BOISSEAUX**

POLIGNY

IMPRIMERIE DE G. MARESCHAL

—

1872

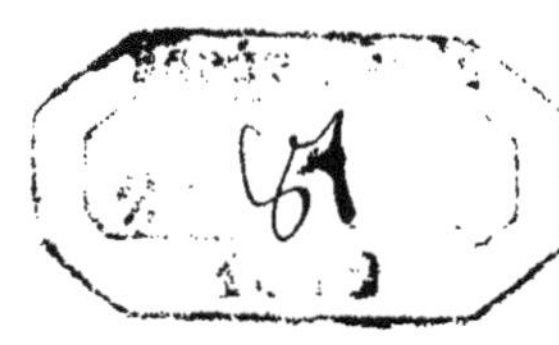

AVANT-PROPOS

Le but de la brochure que nous présentons au public est avant tout de faire connaître le caractère véritable, la figure vraiment sympathique de Léon-Bernard-Victor Mesny de Boisseaux.

Mourir à dix-huit ans quand la vie s'offre belle et pleine de charmes est un titre déjà suffisant à l'intérêt et à la commisération, mais se sacrifier volontairement pour le pays en danger, alors que l'âge met à l'abri de la loi, alors que la fortune et la position font les promesses les plus riantes, voilà vraiment qui touche au sublime, et peut servir d'admirable enseignement à nos neveux aussi bien qu'à nos contemporains.

Le silence jusqu'ici ne s'est malheureusement pas fait sur cette tombe, et le deuil d'une mère, qui devait être sacré pour tous, n'a été que trop troublé par l'esprit de parti de quelques hommes et par les manœuvres perfides de quelques ambitieux.

C'est aussi pour répondre à ces odieuses machinations et venger la mémoire outragée de celui qui fut un martyr, que nous publions ce petit opuscule.

Puisse-t-il dignement remplir la double tâche que nous nous proposons, puisse-t-il calmer les remords de certaines consciences et réformer le jugement de ceux qu'avaient pu égarer certaines perfidies!

NOTES D'UNE MÈRE

Je parle d'un mort, et il serait peu convenable à sa mère de commencer ce journal en vantant les qualités et les vertus de celui qui fut son fils. Je ne dirai donc rien de son enfance, rien des sollicitudes qu'il m'a coûtées, rien des joies immenses que j'en ai reçues.

Je commencerai au moment où il voulut me quitter !

Après la déclaration de guerre faite par la France à la Prusse, Léon Mesny, mon fils, n'eût plus qu'une idée fixe, celle d'être soldat. Revenant un jour d'Arbois à Champagne, lieu que j'habite, il me dit, la main sur sa poche : « J'ai mon acte d'engagement, je vais à Lons-le-Saunier ce soir. » Je lui demandai connaissance de cette pièce, il me la refusa à plusieurs reprises : ce n'était qu'un sauf-conduit délivré par M. le Maire d'Arbois, sans mon adhésion.

Dès ce moment, je ne fus plus tranquille et voulus partir pour Lons-le-Saunier prévenir tous les projets ultérieurs de Léon ; de son côté, il espérait me détourner de ma résolution, puisqu'il me disait : « Ce voyage est inutile ; je partirai seul, pas n'est besoin de faire de l'opposition. »

Malgré lui je voulus m'éclairer sur la situation. Un jour enfin, nous partîmes. A Arbois, mon enfant ne voulut pas aller plus loin, et je continuai tristement mon voyage dans la direction de Lons-le-Saunier. Là, je me présente au bureau du capitaine de recrutement ; je le consulte sur la question de savoir s'il est seul ayant qualité pour recevoir les engagements militaires : « Depuis un récent décret, m'est-il répondu, MM. les maires ont le droit d'engager volontairement ; je ne fais plus ou presque plus d'actes de cette nature. » Je crus qu'il me trompait, et lui fis observer que mon fils étant mineur, je ne donnerais pas mon consentement. « Cependant, me dit aussi le capitaine, s'il veut s'engager, il faut vous rendre à la Préfecture ; là, vous serez parfaitement renseignée. »

J'allai donc à la Préfecture. L'un des employés me dit que la loi étant formelle, on ne pouvait pas engager un mineur sans le consentement de ses parents, à moins de s'exposer aux graves conséquences d'un acte extra-légal. Forte de cette déclaration, je retournai chez le capitaine de recrutement et lui signifiai qu'il eût à refuser l'engagement de mon fils.

Il me répondit : « Si votre enfant se présente, je le recevrai ; un décret lève toutes les difficultés au sujet des jeunes gens qui veulent s'engager. »

Je répliquai : A mon tour, Monsieur, je proteste contre l'esprit de ce décret ; il ne doit point comprendre les mineurs, et je ne vous reconnais pas le droit d'engager le mien sans mon consentement. Si ce fait se réalise, eh bien ! je vous l'affirme, j'ai de solides et puissantes influences à Paris, je les emploierai.

Je me retirais sur ces derniers mots, lorsque mon contradicteur ajouta : « Je crois, Madame, que votre fils est las de son bien-être ; je vous donne le conseil de le laisser agir ; quand il aura goûté du service militaire pendant quinze jours au plus, il s'estimera sans doute heureux de vous revoir, et alors, faites un nouveau voyage à Lons-le-Saunier, je me chargerai de votre réclamation si, comme vous le prétendez, l'engagement a été contracté illégalement. »

Je gardai le silence et me retirai à la hâte. A la Sous-Intendance, les bureaux étant fermés, je me rendis chez le sous-lieutenant d'Intendance, à qui je racontai le but de mon voyage.

Dans ce moment, j'étais en rapport avec un homme à l'obligeance duquel je rends un public hommage ; il me conseilla d'abord une visite au capitaine de recrutement, ce dont je me gardai bien ; ensuite à M. le maire, puis à M. ***, occupé à l'Hôtel-de-Ville. Je priai ces Messieurs de vouloir bien recommander à leurs employés de vérifier le sauf-conduit dont mon fils était porteur.

M. ***, dont je viens de parler, m'engagea à me rencontrer le lendemain au secrétariat de la Mairie, où il serait à 8 heures.

Le train venant d'Arbois arrive à Lons-le-Saunier vers 7 heures et demie. Je me postai à voir parfaitement arriver mon fils. Sous les arcades, deux jeunes gens, se disant d'Arbois, m'abordent et me demandent le bureau de recrutement, en ajoutant que Léon s'était séparé d'eux sur la Grande Place. Au moment où j'indiquais le bureau à ces jeunes gens, mon fils traversait la rue ; j'allai à lui et lui fis part du resultat de mes démarches; il ne voulut pas se rendre à l'évidence.

Pourtant Léon ne me quitta plus. Après déjeûner, nous retournions à la gare quand nous retrouvâmes les deux jeunes gens qui dirent à mon fils : « Nous ne nous sommes pas engagés ; on nous a renvoyés en nous disant que celui qui avait signé de pareils saufs-conduits n'avait pas su ce qu'il faisait. » Je fus en cet instant un peu tranquillisée, bien que Léon répétât sans cesse : « Il faudra bien que je réussisse ! »

Quinze jours ne s'étaient pas écoulés qu'un nouveau bruit d'engagement vint bourdonner à mes oreilles ! Nouvelles inquiétudes ! nouveau tourment !

M. Clerc organisait à Lons-le-Saunier une compagnie de francstireurs, dont il devait prendre le commandement.

C'est alors que Léon se mit en rapport avec un sieur X (cet homme ne me reprochera pas, je pense, ma discrétion), qui lui donna les instructions nécessaires à son projet. Mon fils fit le voyage de Lons-le-Saunier, eut une entrevue avec M. Clerc, qui lui dit : « Demandez le consentement de Mme votre mère. »

En effet, mon unique enfant, une fois de retour, n'eut plus assez de caresses pour me solliciter et obtenir de moi ce qu'il souhaitait si ardemment : « Vois-tu, chère mère, me disait-il sans cesse, mes aïeux sont tous gens d'épée et tous ont porté les armes avec gloire; tu ne veux pas qu'un jour je puisse te reprocher de m'avoir retenu loin du devoir quand la France a besoin de tous ses enfants. Je serais déjà dans un régiment de zouaves, si tu avais seulement voulu entendre parler de ces régiments qui ont toute ma prédilection. C'est pour te plaire que je ne l'ai pas fait. Ne me refuses pas cette fois, je t'en prie, autrement je me verrai forcé de te désobéir ! Je ne suis pas un lâche, rien ne m'arrêtera, je veux partir ! »

Mon Léon, mon fils, laisse-moi, je t'en prie, quelques jours de réflexion. Telle était ma réponse invariable, un biais que j'employai énergiquement et qui me permettait d'espérer que Léon ne donnerait pas suite à son projet.

Illusion maternelle, hélas ! Mes observations, mes conseils, mes supplications, tout échoua devant sa fermeté insensible à mes larmes : « Ma mère, honneur et patrie, je reviendrai ! » Ces mots me désarmèrent, je cédai !....

Je cédai alors que je savais que ses forces n'égalaient pas son ardeur, alors que mon âme était en proie à de funestes pressentiments !

Le jour du départ, il rejoint à Arbois la compagnie de francs-tireurs du Jura. En gare, tous lui tendent la main, tous veulent l'avoir auprès d'eux. C'était un des plus jeunes, sinon le plus jeune. Sa figure rayonnait, je pouvais à peine comprimer mes sanglots. Je l'embrassai, le pressant sur mon cœur, le recommandai au capitaine, et le train s'ébranla emmenant à l'ennemi nos valeureux jeunes gens.

Moi, je rentrai seule dans ma demeure vide.

Deux jours après, une lettre de Léon m'apprend son départ pour Epinal.

Plus tard, nouvelle lettre datée de Baccarat, qui contient ce passage : « J'ai vu l'ennemi : ils étaient 1200 environ ; cela m'a fait quelque chose (dit-il naïvement). Leurs vêtements sont si noirs qu'ils m'ont fait l'effet de corbeaux portant un fusil. Ils ont reculé devant nous. »

La compagnie rentre à Epinal, d'où Léon m'écrit : « Ma santé est bonne, tranquillises-toi. »

Un jour, mon enfant m'annonce son arrivée à Arbois, réclamant ma présence. Je pars à la hâte et le trouve pâle, amaigri, ayant, en un mot, grand besoin de repos.

Quelque temps après, bien que sa guérison fut loin d'être complète, un homme, le même officieux qui l'avait embauché auparavant, se promenait, tout pimpant de costume, sur les places publiques d'Arbois, répétant sur mon fils les propos les plus offensants.

Quel était donc le but de ce monsieur?

Que faisait-il lui-même à Arbois? S'il était en convalescence, pourquoi sa présence dans les cafés au moment du danger! Mon enfant était muni d'un vrai congé de convalescence; il avait fait ses preuves d'abnégation et de dévouement à la patrie; son jeune âge devait le mettre à l'abri des insultes souterraines de cet homme, auquel je conseille de ne jamais dire comment il a obtenu et perdu ses galons d'officier.

Avait-il des intentions secrètes? Songeait-il à une spéculation quelconque?

Qu'il me dise en vertu de quel pouvoir il fit partir mon enfant, encore trop souffrant pour supporter les fatigues de la route?

Sa spéculation a pu réussir, mais nous verrons quelle durée aura son triomphe!

Je me souviendrai, moi, que ses sarcasmes grossiers furent la seule cause du départ de mon fils.

Léon était malade, très-malade; mais les insultes de cet homme l'avaient piqué au vif et il se disait rétabli. Ni les observations de ses nombreux amis, ni mes prières ne furent écoutées, il rejoignit sa compagnie à Besançon. L'ennemi menaçait Dole, la compagnie s'y porta et resta quelques jours dans cette ville; mon fils était là dans une famille où les soins les plus affectueux lui furent prodigués, chez de vrais amis. Avant de quitter Dole, Léon m'écrit: « Nous allons à Seurre, de là je t'écrirai plus amplement. Ton fils qui t'aime et t'embrasse de cœur. L. M. »

Le samedi 19 novembre, je reçois une lettre où il me disait: « Sois tranquille, je n'ai jamais eu une santé aussi robuste! Demain ou après, nous nous battrons; je vois d'ici ton cœur maternel! Au revoir, chère maman. Ton fils qui t'aime et t'embrasse.   Léon MESNY. »

Je devinai qu'il se faisait violence pour me tirer d'inquiétude.

C'est à partir de ce moment que je perdis à jamais tout repos.

Une agitation indéfinissable m'oppressait; une impatience fiévreuse me dominait; j'avais du dégoût même dans les prières que j'adressais au ciel pour que Dieu me rendit mon enfant.

Le 20 novembre, sur les 5 heures du soir, une morne tristesse me saisit. Je pleurai!.... En ce moment, mon pauvre enfant traîné sur le sol à coups de sabre, à coups de crosse, expiait dans un cruel martyre son dévouement à la patrie. Les yeux tournés vers son pays, il m'appelait sans doute.

Lorsqu'on le conduisait au supplice, une brave femme lui demanda : « Où vous conduit-on, mon pauvre franc-tireur? » Léon lui répondit : « A la mort! Je vais leur montrer comment un français sait mourir! »

Tous les jours j'attendais avec anxiété le passage du facteur des postes : Point de lettre! Toujours rien! Mon âme était déchirée; je communiquais mes craintes à toutes les personnes que je rencontrais.

Le 24, M. *** vint qui me dit: « Léon est à Mont-sous-Vaudrey, un tel l'a vu! » Le lendemain, je me rends avec mon neveu à Arc-et-Senans pour partir à sa recherche. Le train venant de Lons-le-Saunier entre en gare ; un jeune homme m'aborde, si triste que je fus quelque temps avant de le reconnaître pour un ami de mon fils : « Madame, me dit-il, j'ai une pénible nouvelle à vous annoncer : Léon est blessé ou prisonnier! — Vous vous trompez, lui dis-je, il est à Mont-sous-Vaudrey, et je suis ici pour aller le rejoindre! — Ne partez pas, Madame, son camarade de lit vous en donnera des nouvelles. »

Mon neveu fit le voyage de Mont-sous-Vaudrey pendant que je rentrais à Champagne avec Paul, ce jeune ami de mon fils. A toutes mes sollicitations de ne me rien cacher, il répondait : « Je n'en sais pas davantage! »

L'après-midi, nous retournons à Arc-et-Senans pour l'arrivée des trains. Le porteur de la triste nouvelle me voit et me tend les bras.

Je comprend tout!..... Le malheur m'a frappée et pourtant je doute encore, ce n'est pas possible que tu ne puisses revoir ta mère, mon pauvre Léon. — Je veux te voir! où es-tu?

— Etes-vous certain de ce que vous me dites, Monsieur ?

— Oui, Madame, je l'ai vu, je l'affirme : il est à l'hospice de Beaune !

Nous partons de suite, le jeune Paul, dont la mission était remplie, pour Dole, et moi pour Châlons.

C'est le voyage du Calvaire que j'entreprenais, et toutes les mères qui liront ces lignes comprendront que chaque détail m'en soit resté vivace, et pardonneront aux longueurs de cette partie de mon récit.

J'arrivai à minuit et demie dans Châlons, où je ne connaissais personne. Plus de lumière nulle part ; on me dit que je ne pourrais trouver à loger, que les soldats avaient envahi les maisons.... Je me résignais donc à attendre le jour sur un banc de pierre, non loin de la gare, quand un soldat du poste voisin me découvrit, et, me sachant sans abri, alla quérir un officier qui, très-poliment, vint me prier d'accepter une chambre fermant à clef, pourvue d'un bon fauteuil sur lequel je pourrais reposer quelques heures. Après avoir vivement remercié cet officier, je lui dis : « Je suis sous la protection de l'honneur militaire, et par conséquent très-tranquille, mais je vous prie de me faire conduire à un hôtel. » Un soldat fut mis de suite à ma disposition, et vers deux heures du matin, je me jetai sur un lit à l'hôtel du Coq-Hardi.

Le lendemain 25 novembre au matin, la maîtresse d'hôtel, en me voyant, me fit mille prévenances ; elle devina ma douleur avec son tact de mère, et je ne saurais passer outre sans rendre grâce à son extrême obligeance et à la sympathie de son acceuil.

En demandant un billet pour Beaune, on me répondit : « Les trains ne vont que jusqu'à Chagny ; là, vous trouverez difficilement l'occasion de continuer votre route. » Je compris l'observation, et trouvai un loueur de voitures qui consentit, le jour même, à me conduire à destination.

Je pars avec un autre voyageur. A Chagny, le factionnaire du poste fait faire halte et me demande mon laisser-passer ; j'étais, on le comprendra, fort embarrassée ; mon compagnon de voyage vint à mon secours en disant : « Madame est la mère de ma femme ! » La voiture continue à rouler.....

Arrivée au bas de Chagny, nous apercevons une vaste nappe d'eau près d'un moulin ; le conducteur fait descendre les voyageurs et nous engage à gravir le talus du chemin de fer en construction, pendant qu'il passerait sous le pont. Ce qui fut fait, non sans peine ; les roues disparaissaient dans deux pieds de boue, et le passage n'offrait pas grande sécurité aux voyageurs. De notre côté l'ascension du talus n'était pas moins pénible : c'est sur les mains qu'il fallait s'appuyer pour pouvoir sortir de cette boue compacte et gluante ; enfin nous pûmes rejoindre la voiture et gagner Beaune. Mon excellent compagnon s'offrit à me conduire à l'hospice, j'acceptai avec reconnaissance.

On concevra facilement qu'après tant de fatigues et d'émotions poignantes, je n'eus plus de forces quand j'eus sonné ; le concierge ouvre, je n'avais plus pour moi que larmes et sanglots.... « Mon enfant, Monsieur, où est mon enfant ? » Je fus conduite dans une chambre où une religieuse fit venir la sœur supérieure. Je lui demandai à voir mon fils... « Impossible, me dit-elle ; faites une visite au médecin de l'établissement, vous serez accompagnée par un employé de la maison ! »

C'était le médecin qui avait embaumé le corps. Il prit affectueusement part à ma douleur et ne voulut pas de rétribution pour le triste office qu'il avait rendu aux restes de Léon : « C'est pour la France ! » me dit-il, et je m'en fus, le remerciant de ses sentiments généreux et patriotiques !

A la Mairie, tous les abords étaient encombrés de soldats. J'appelai à moi toutes mes forces, toute mon énergie, pour me frayer un chemin dans cet encombrement ; je pus enfin obtenir un laisser-passer, et le concierge me donna rendez-vous à l'hospice pour le soir, à **8** heures....

Il était nuit, le temps mauvais......., je ne connaissais pas la ville ! De temps à autre, je me renseignais sur la direction à prendre pour arriver à un certain hôtel où je parvins enfin épuisée de fatigue et de besoin.

Le soir, à l'hospice, je demandai de nouveau à voir l'endroit où le corps de mon fils avait été déposé. On ne voulut pas accéder à mon désir ; mes papiers me furent rendus après un versement de 20 francs et je regagnai mon hôtel.

Le 26 novembre, à 5 heures du matin, j'étais de nouveau à l'hospice, attendant l'heure de l'ouverture des portes..... Une sœur me fait entrer, et, pour me préparer au coup terrible qui allait me frapper, m'entoure de bons soins, m'accable de prévenances. Merci, ô bonne sœur, de votre tendre charité ! Par vous, j'ai la pensée consolante qu'il est encore des cœurs chrétiens !

Quelques instants après, on m'annonce que la voiture est prête ! je vois le cercueil.......

La plume ne me suffit plus !..... Le cœur d'une mère seul pourra savoir ce qui se passa en moi..... J'appelai mon enfant de tous les noms les plus chers ! Rien, rien qu'un morne silence !

Dès cet instant commencèrent les péripéties les plus poignantes de cette voie douloureuse. Je suivais, sans vie, sans souffle, les yeux toujours fixés sur ce cher cercueil, et redoutant pour lui, hélas ! bien plus que pour moi-même, les moindres cahots du chemin ! Je frissonne encore en songeant aux dangers courus dans ces affreux bourbiers. A Châlons, à Bourg, partout où il fallait attendre l'heure du départ, je restais là devant le vagon qui contenait mon cher cercueil. Dans cette dernière ville pourtant, on me refusa de me laisser passer la nuit sous la marquise de la gare où le vagon attendait le départ du lendemain. J'eus mille peines de trouver en ville un logement, à cause de l'agglomération des troupes, mais je ne pouvais dormir, malgré mes fatigues de plusieurs jours. Le jour ne paraissait pas assez vite pour me permettre de retourner auprès de mon fils.

A Lons-le-Saunier, je veux revoir le funèbre vagon ; le chef de gare me répond : « Le vagon fait partie du train dans lequel vous allez monter ; il ne sera pas détaché avant son arrivée à destination. »

A Arbois, aucun vagon n'est resté en gare. Nouvelles alarmes ! Où est mon fils ? Le chef de gare télégraphie..... J'apprends que le vagon est resté à Lons-le-Saunier et qu'un prochain train doit le ramener à 5 heures du soir.

Une amie m'emmène chez elle, fait prévenir le capitaine de la garde nationale pour venir rendre les honneurs militaires à l'arrivée du funèbre convoi.

Le soir même, une voiture de deuil, escortée militairement jusqu'à la limite du territoire, ramenait à Champagne le cercueil de Léon, où trois de ses amis l'attendaient déjà.

Le 30 novembre, le curé du village se présenta, et après un grossier bonsoir, d'un ton rogue me demanda : « Quand l'enterre-t-on ? Quelle classe prenez-vous ? »

Il me semble que ce n'est pas là précisément le langage que devrait tenir un prêtre d'une religion de paix et d'amour ! Il aurait pu se rappeler que Léon avait été enfant de chœur, que dans les grandes solennités il touchait de l'harmonium pour rehausser l'éclat des fêtes religieuses ; il aurait pu, du reste, garder les simples convenances, et ne pas montrer si ostensiblement sa soif du gain.

Mon fils n'était pas un impie ! on ne peut l'être à 18 ans ! Avant la bataille de Nuits, lorsque l'aumônier de la compagnie du Bugey donna l'absolution aux soldats de cette compagnie, en appelant sur eux les bénédictions du ciel, Léon s'écria : « Et moi aussi, je veux la recevoir, ce n'est jamais nuisible, je suis chrétien ! »

Un prêtre lié avec Léon peut affirmer ce détail touchant, ainsi que les rares qualités de cœur de son ami regretté.

Devant une société nombreuse, M. le curé de Champagne n'a pas craint de dire : « Je ne sais pas s'il sera sauvé ! tant pis s'il n'a pas souffert ! il aurait au moins eu le temps de penser à son salut ! » Je jetai à cet homme un regard bien douloureux, en lui demandant ce qu'avaient fait les martyrs du Japon.

Ces paroles révoltantes excitèrent l'indignation de tous les honnêtes gens. Combien j'aime mieux les consolantes paroles de Mgr de Poitiers et du vénérable supérieur du collège catholique de Besançon, dans leurs éloquentes oraisons funèbres des victimes de la guerre. Ce dernier en particulier fait mention de cette intention providentielle de Dieu qui, voulant sauver éternellement des jeunes gens dignes du salut par leurs admirables qualités de cœur, leur procure l'honneur et l'auréole du martyre. J'en ai donc la confiance ! le ciel est la demeure de mon enfant bien-aimé !

Je donnai des ordres pour ne plus laisser introduire ce prêtre. Il revint, mais sans pénétrer dans la maison, pour remettre un cahier contenant les tarifs et la quantité de cire à fournir pour un enterrement de 1ʳᵉ classe.

Le parasite s'attachait à sa proie ! Je fus plus généreuse que son tarif : il en profita.

Il fallut enfin s'occuper des préparatifs de la triste cérémonie !

MM. Belle et Legrand voulurent bien aller demander à M. le curé une invitation pour son collègue d'un gros village voisin, de vouloir bien honorer la cérémonie de sa présence.

Celui-ci reçut ces Messieurs avec un sans gêne qui ressemble fort à de l'impolitesse. Emmitouflé dans un bon fauteuil, les jambes allongées devant un bon feu, il n'offrit pas même de sièges à ces Messieurs, leur parla dédaigneusement, et après une multitude de phrases entortillées, dit sèchement : « Eh bien ! non, je n'irai pas ! »

J'aurais pourtant bien payé, Monsieur le curé !

« Un franc-tireur.... hum ! cela demande des réflexions ! Qui dit : franc-tireur, dit : brigand ! »

Voilà les honnêtes scrupules de ces Messieurs ! Et la morale évangélique, qu'en faites-vous ?

Oui, mon fils était franc-tireur ! On lui a reproché d'avoir servi sous Garibaldi ; ce fait est complètement inexact. Du reste, mon fils ne songeait qu'à une chose : défendre son pays, et eût-il encore été placé sous les ordres du brave général italien, qu'il n'avait aucune responsabilité de la nomination de ses chefs. Il y a là une question de bon sens et de patriotisme que tout le monde peut résoudre !

Un parent de la famille, curé de A***, fut prié de conduire le deuil : il prétexta une mission et un triduum qui devait avoir lieu à la suite.

Quel cœur de chrétien, de prêtre et de parent !

Vous n'aviez pas de prières publiques lorsque vous allâtes chez MM. les avocats, les consulter sur vos droits à la succession de Léon Mesny !

Le doute sur une entente entre MM. les curés pour s'abstenir de remplir un pieux devoir, ne tarda pas à prendre une certaine consistance dans le public.

Un mot en passant. J'appris plus tard que M. ***, en quittant sa paroisse, a dit : « Mme Mesny doit être fâchée de ne pas m'avoir vu à l'enterrement de son fils, mais je devais obéir aux chefs ! »

Un autre prêtre du voisinage, à l'air mielleux, avait aussi déclaré qu'il aurait refusé une invitation. Il a raison, je n'avais pas daigné songer à lui !

Enfin, le matin du 3 décembre, des compagnies de mobiles et de mobilisés arrivaient d'Arbois, d'Arc-et-Senans, de Villersfarlay, d'Ecleux, de Byans, de Cramans, de Pagnoz, de Port-Lesnay ; puis, les compagnies de sapeurs-pompiers d'Arbois et de Cramans ; on pouvait compter près de 500 soldats.

Les habitants des villages voisins remplissaient les rues ; jamais foule plus compacte, plus imposante par son attitude calme, respectueuse et grave ne s'était rencontrée à Champagne. Des hommes respectables entre tous, les mieux posés du canton, se sont fait un honneur d'accompagner au champ de l'éternel repos un jeune et brave défenseur de la patrie.

Une double haie de soldats bordait le chemin qui, de l'église conduit chez moi, en passant par la grille d'entrée principale. Six jeunes gens de l'âge de mon Léon, portant de gros cierges, ouvraient la marche : la croix et les enfants de chœur suivaient silencieusement. Le clergé jugea à propos de forcer les rangs militaires afin de passer par une porte détournée et abréger la disdance à parcourir.

C'était un acte de mépris.

Un murmure d'indignation se répand dans les masses. Un soldat furieux fait mine de croiser la baïonnette pour faire sentir à M. le curé son inconvenance ; le prêtre et ses deux collègues, venus du département du Doubs, n'eurent pas l'air de comprendre, et persistèrent dans leur entêtement.

M. l'abbé David, actuellement curé à Montbarrey, conduisait le deuil : il avait tenu à montrer toute l'estime et toute l'amitié qu'il professait pour cet infortuné Léon. Je rends et rendrai toujours un public hommage à la remarquable dignité avec laquelle il a rempli ce triste et pénible devoir. Celui-là est un prêtre selon le cœur de Jésus !..... A lui le merci d'une mère !

L'office terminé, le clergé était déjà arrivé au tiers du chemin à parcourir pour atteindre le cimetière, que le cercueil sortait seulement du mur de clôture de l'église. Un membre de la famille s'écria, à haute voix : « Mais attendez donc ! le corps n'est pas dans un convoi de chemin de fer. » Le clergé s'arrêta, mais pour reprendre bientôt sa marche irrespectueuse.

Au cimetière, le curé, au milieu des feux de peloton et des discours prononcés sur la tombe, ne pouvait sortir assez promptement; il finit par demander passage. Un autre se tordait le menton dédaigneusement; seul, un jeune vicaire fit preuve de quelque sensibilité.

Tous les soldats furent reçus par la mère désolée. Une honorable famille du village ouvrit sa demeure et reçut à sa table les officiers et les prêtres. Le curé, toujours oublieux des convenances, fit parade d'une gaieté insolente pendant le repas. Les convives en étaient outrés, considérant avec raison cette gaieté comme un outrage.

Voilà les faits qui se sont passés à propos de la mort de mon fils : personne n'en pourra contester la véracité !

Je raconte, et mon récit est calme, en comparaison des insultes que j'ai reçues !

Les gens dont je me plains ne sauraient m'accuser de haine, puisqu'ils prennent cette passion pour base de leur morale soi-disant évangélique.

J'ai voulu les faire connaître et apprécier ! et j'ai supprimé les noms !

Remerciez-moi, Messieurs !

NOTES COMPLÉMENTAIRES

A la suite de tous les faits relatés dans les notes précédentes, Mme Mesny voulant se renseigner sur l'attitude du clergé à son endroit, écrivit à Mgr l'Évêque de Saint-Claude pour lui faire part de ce qui s'était passé. Entre autres passages, nous citerons cette ligne qui sert comme de conclusion à la lettre : « Vous comprendrez, Monseigneur, le cœur affligé d'une mère !..... Ah ! il faut que la religion soit vraiment divine pour marcher avec de tels hommes !...... »

La réponse de Mgr de Saint-Claude, rapprochée de la conduite des prêtres dont il vient d'être question, n'a pas besoin de commentaires. La voici textuelle :

EVÊCHÉ DE St-CLAUDE. *St-Claude, le 14 janvier* 1871.

Madame,

J'ai pris une grande part à la douleur que vous ressentez de la perte de votre digne fils, et je regrette que vous n'ayez pas eu en cette circonstance toutes les pieuses consolations que votre excellent cœur de mère désirait. Aujourd'hui je porterai son souvenir au Grand Autel, et me ferai un devoir de le recommander à Dieu. Confiance en lui et résignation pour vous.

Recevez, Madame, l'assurance de mon respect.

Signé : LOUIS-ANNE, Évêque de St-Claude.

Madame Mesny avait fait des démarches pour acheter le terrain sur lequel était tombé son fils bien-aimé.

Voici la réponse qu'elle reçut de **M. Gillotte :**

Madame,

Votre première lettre ne m'est point parvenue, ce qui est cause de mon silence et non de mon indifférence.

Je ne veux point mettre d'obstacle à la seule satisfaction qui vous reste, celle de faire élever un monument au fils que vous avez perdu dans nos tristes guerres. Je comprends trop votre cœur de mère pour vous ravir cette consolation. Quant à l'achat du terrain, permettez, Madame, qu'il n'en soit pas question.

Monsieur votre fils a donné sa vie pour nous protéger, moi, je puis bien vous offrir le terrain où il a succombé.

Recevez, Madame, l'assurance de mes sentiments respectueux.

Signé : J. GILLOTTE.

La Ville-Neuve, par Naville (Saône-et-Loire), 1er juillet 1871.

L'anniversaire de la mort de Léon Mesny a été célébré le 20 novembre 1871, à l'endroit même où il a succombé, et où un monument a été élevé par la tendresse maternelle.

Cérémonie touchante, qui avait attiré de tous les points une foule de personnes recueillies et attentives. — Le vénérable curé de Nuits a appelé les bénédictions du Dieu tout-puissant sur un martyr de dévouement, et, inspiré d'en haut, a improvisé un discours en puisant dans l'Evangile selon St Luc, chapitre VII, le texte de la veuve de Naïm, versets 11, 12 et 13.

L'émotion que ressentait le digne prédicateur dominait toutes les personnes présentes. Les larmes coulaient de tous les yeux.

L'assistance émue se retira; la cérémonie était terminée; plusieurs personnes voulaient conduire la pauvre mère dans leurs domiciles.

On remarquait parmi les assistants : des notabilités, des décorés, des officiers, des soldats, et, chose remarquable, par les bons soins de la population, le monument avait été entouré de fleurs.

De tous côtés, la mère du martyr recevait des demandes de permission pour entretenir le monument, planter des arbres et y soigner des fleurs.....

Touchante,.... oh! oui, bien touchante sympathie des habitants de Nuits!

ANECDOTES

Avant la mort de Léon Mesny, plusieurs soldats pauvres manquaient de linge, Mesny employa les 70 francs qui lui restaient à leur acheter des chemises.

A Pesmes, en présence de l'ennemi, le capitaine de la 1re compagnie de mobilisés d'Arbois, commande la marche en avant, les hommes montraient un peu d'hésitation, quelques-uns du moins; un sous-officier s'écrie : « En avant! Mesny, Mesny, où es-tu? » Tel était le prestige de ce jeune et vaillant cœur, qu'à ce nom les soldats s'élancent, se battent avec distinction, ainsi que l'annonce une lettre écrite au capitaine de cette compagnie par M. le Maire de Pesmes, et qui a paru dans le journal d'Arbois, où chacun a pu la lire.

Extrait d'une lettre d'un ami de Léon à Mme Mesny.

Le 20 novembre 1870, après la retraite des francs-tireurs, qui termina le combat de Nuits, la compagnie s'étant retirée à Villers-Magny, on fit l'appel, et Léon Mesny fut porté absent avec une dizaine d'hommes de la compagnie du Jura. Quelques traînards rentraient de temps en temps, quand, vers dix heures du soir, on apprit par certaines rumeurs qu'un franc-tireur avait été tué à Nuits. Le lendemain, la colonne s'étant portée sur le village de Chaux, un de nos lieutenants partit avec dix hommes pour prendre des informations à la ville. La nuit suivante, nos hommes ramenaient malheureusement le corps de notre ami Léon, affreusement mutilé. Le 22 novembre, à 9 heures du matin, toutes les compagnies réunies à Chaux, se groupaient autour de l'église pour rendre les derniers devoirs à notre ami, martyr de courage et d'héroïsme; le corps avait été déposé à la maison commune, au rez-de-chaussée.

A 9 heures, les francs-tireurs du Jura, le guidon voilé d'un crêpe, prirent place dans l'église, trop étroite pour contenir le reste du bataillon.

Tous pleuraient quand le cercueil entra, suivi du colonel Bourras qui, l'épée au poing, prit place dans le sanctuaire, en face du capitaine Clerc. Après la grand'messe et l'absoute, chantée par M. l'aumônier de la compagnie du Bugey, le cortège se mit en marche au milieu d'une haie de troupes du plus imposant aspect; deux mille hommes, aux costumes variés, étaient là, rendant hommage au patriotisme d'un de leurs frères tombé trop tôt. A la sortie du village, quand le cercueil fut sur le point de prendre la route de Beaune, le colonel Bourras s'exprima à peu près en ces termes : « Messieurs, un attentat inouï a été commis sur l'un des nôtres; contrairement à toutes les lois de la guerre, contrairement aux principes les plus élémentaires du droit des gens, les barbares que nous combattons ont tué un franc-tireur, c'est-à-dire un homme qui les combattait loyalement, avait qualité de belligérant.

« Je demanderai à l'état-major prussien un compte sévère de cet acte de sauvagerie, et je me ferai un devoir de mettre au ban du monde civilisé la nation d'assassins et de brigands qui souillent en ce moment le sol de la France. Quoiqu'il en soit, Messieurs, notre ami, notre frère que nous pleurons aujourd'hui, n'en restera pas moins pour nous un modèle de courage militaire et de dévouement à sa patrie; malgré sa jeunesse, il a fait son devoir de citoyen, il est mort en brave, et l'auréole dont la mort entoure sa mémoire n'est que la juste récompense de son sacrifice. Adieu, jeune héros! frère, adieu! »

Après ces quelques mots, le capitaine Clerc, d'une voix émue, voulut remercier le colonel du témoignage d'estime et de sympathie qu'il donnait au Jura dans cette circonstance, mais l'émotion couvrit sa voix, et l'on ne put que distinguer ces mots : « Adieu, Mesny! adieu, Léon! »

A ce moment, tous, jeunes et vieux, pleuraient!

La voiture partit accompagnée de deux francs-tireurs. Le capitaine fit former le cercle à la Compagnie, et, dans une allocution fort énergique, exprima ses projets pour obtenir raison de la mort de notre ami auprès du général Verder, ajoutant qu'il en ferait une affaire toute personnelle au cas où la lettre du colonel resterait sans réponse.

A midi, nous nous battions au Clos-Vougeot.

5 janvier 1874.   ***, franc-tireur du Jura.

Lettre de M. le curé David, insérée dans le journal d'Arbois.

La ville de Nuits vient d'être le théâtre d'une imposante manifestation religieuse et patriotique; il s'agissait de célébrer le glorieux anniversaire de ceux qui ont succombé pour la défense du pays, contre les barbares envahisseurs. Mais un autre souvenir se rattache à ce pays, et c'est ce souvenir qui va faire l'objet de cet article. L'année dernière, Léon Mesny venant de faire vaillamment le coup de feu contre les Prussiens, sous l'habile direction du colonel Bourras et du capitaine Clerc, tombait entre les mains de nos ennemis. Ni l'âge, ni la bravoure, ni les appels touchants qu'il faisait à Dieu et à sa bonne mère, dont il était l'unique enfant, et qu'il avait quittée à 18 ans, ne pouvaient l'arracher des mains de ces hommes qui regardaient comme un titre de gloire de maltraiter un pauvre enfant. Il dut subir un long et cruel supplice et parcourir, au milieu des insultes, des coups de sabre et de baïonnette, ce long chemin que la pauvre mère peut comparer aujourd'hui à une véritable voie du calvaire. Quand il exhala son dernier souffle, c'était un souffle purifié par la souffrance, c'était le souffle du vaillant soldat et du martyr, et son sang monta vers le ciel pour demander assistance et protection pour notre infortunée patrie. Le 20 novembre 1871, à un an de distance, une touchante cérémonie devait consacrer et glorifier ce patriotique souvenir.

Mme Mesny, mère du jeune franc-tireur, n'avait eu repos et soulagement que lorsqu'elle eut fait élever un monument à l'endroit même où son fils avait si noblement et si héroïquement payé sa dette à la France. Le magnifique monument rappelait deux choses aux passants : le courage d'un fils et la douleur d'une mère. Mais la religion devait avoir les prémices de la cérémonie : Un service funèbre fut célébré à l'église de Nuits; toute la population y assistait, et le recueillement général attestait que l'on comprenait la pensée qui présidait à cet anniversaire douloureux. C'est là que M. le curé, inspiré tout à la fois par le sentiment religieux et par le sentiment patriotique, adressa à la pauvre mère ces touchantes paroles du Christ à la veuve de Naïm : « Mère, ne pleurez pas, car votre fils est vivant, » et il développa cette consolante parole avec tant d'âme et d'émotion, que chacun pleurait, et que Mme Mesny sentait naître dans son cœur un immense soulagement. « Ne pleurez pas. Oh! sans doute, pauvre mère, tout vous accable; comme la veuve de Naïm, vous n'aviez que ce fils, et sur lui vous aviez fait reposer toutes vos espérances! C'est lui qui devait vous fermer les yeux, mais ne pleurez pas, alors même que ce fils vous a été arraché par une mort douloureuse, tandis que le fils de Naïm n'avait point affronté un pareil trépas, ne pleurez pas, car votre fils est vivant! oui, il vit, non point dans ce monde éphémère et périssable où tout doit finir, mais dans la cité éternelle, où Dieu récompense les braves soldats, et où le martyr du patriotisme est couronné de la couronne immortelle! Il vit, et son regard illuminé par les célestes clartés de l'éternité, s'abaisse sur sa pauvre mère pour la consoler, et sur la France pour la protéger! Il vit là-haut avec les martys qui ont fondé le Christianisme, et avec les héros qui ont remporté la palme du combat. La religion donne au patriotisme son aliment fécond et sa suprême glorification. »

Ce n'est là qu'un faible écho de la parole du prêtre qui sut résumer en lui la devise admirable : DIEU ET PATRIE. Toute la foule était là sympathique et attendrie, les larmes étaient abondantes et s'effaçaient devant cette bonne et tendre mère, allant déposer la première couronne sur cette terre qu'avait arrosé le sang de son fils. A sa suite, tous vinrent déposer des couronnes, et l'on pouvait se dire au retour cette parole des livres saints : « Il est mort et il parle encore, et, de son langage, on peut retenir ces deux mots : Espoir et courage.

Oh! oui, sur les tombes de nos frères odieusement massacrés germeront des défenseurs qui, un jour, bientôt, il faut l'espérer, effaceront les tristesses du moment et rendront à la France son rôle antique et glorieux dans le monde. Oh! alors, mon jeune et tendre ami, ton nom sera notre devise, et dans notre souvenir le plus précieux encouragement, et tu vivras toujours dans la pensée de tes nombreux et si chers amis d'Arbois, de Champagne et de tous les lieux où l'on a pu apprécier tes meilleures qualités de cœur et de dévouement.

DAVID, curé à Montbarrey (Jura).

Les discours qui suivent ont été prononcés le 3 décembre 1870, sur la tombe de Léon Mesny.

Discours de M. Alfred Daloz.

Je viens, Messieurs, vous rappeler en quelques paroles, la vie si courte, mais si glorieusement terminée, de celui dont nous déplorons aujourd'hui la perte.

Dans ce village de Champagne, à Dole, à Arbois, partout où il vécut, il sut se concilier, non pas seulement l'estime, mais l'affection de ceux qui l'ont connu; son cœur était si bon, son abord était si facile, son visage exprimait si bien la franchise et la loyauté!

Lorsque la France fut envahie, Léon, que nul décret n'appelait à la défense du pays, voulut néanmoins participer au danger. Cédant à l'impulsion de son courage, il n'hésita pas à sacrifier son bien-être à cette vie de privations et de périls qui devait lui être si funeste. — Une première blessure n'avait pas ralenti cette ardeur dont il avait déjà donné tant de preuves : sa guérison n'était pas encore achevée, qu'il rejoignait ses compagnons d'armes pour affronter avec eux de nouveaux dangers.

Hélas! ses forces devaient trahir son courage!....

Mais au milieu de ce deuil, de cette consternation générale, une pensée peut reposer l'esprit et le dérober un instant aux tristes préoccupations qui l'accablent : c'est celle de ce repos glorieux dans lequel est enseveli Léon. Espérons qu'une telle pensée apportera quelque soulagement à la juste douleur d'une mère dont il était le dernier appui!....

Adieu! cher ami, nous abandonnons ta dépouille mortelle, mais nous conserverons à jamais le souvenir de ton amitié, de ton glorieux trépas. Adieu! cher Léon, adieu!

Alfred DALOZ.

Ils t'ont tué! cependant tu n'étais qu'un enfant, tu n'avais pas vingt ans, et sans pitié ils t'ont massacré. Accablé par le nombre, tu as succombé en brave, combattant pour la Patrie et pour la République. Dors en paix, jeune martyr, nous te vengerons!....

Au moment suprême du combat, ton nom sera pour nous le cri de ralliement, et ton courage nous servira d'exemple. Adieu! cher Léon, adieu!

Roy, Henri, d'Arbois.

Avant que quelques pelletées de terre nous séparent de toi, permets-moi, cher ami, de t'exprimer nos regrets. Il y a quelques jours à peine, lorsque, n'écoutant que ton courage, et sans consulter tes forces, tu nous faisais les adieux du départ, eussions-nous pu croire, hélas! que tu devais nous quitter pour toujours.

C'est pour ta patrie, c'est pour ta mère, c'est pour tes parents, c'est pour tes amis que tu as versé ton sang généreux, c'est en héros que tu as succombé.

Nous t'en remercions, cher ami, nous saurons aussi te venger ou te suivre.

Mais non, tu n'es point mort, tu vis, cher ami, tu vis, tu jouis en ce moment de la juste récompense due à ta valeur.

Où que tu sois, daigne mêler ta voix à la nôtre pour redire ces paroles que ta bouche a si souvent répétées : Vive la France! Vive la République.

Sauvageot, avocat à Arbois.

Voici le compte-rendu de la cérémonie du 8 février 1872 :

Personne, croyons-nous, n'a oublié le nom de Mesny, ce jeune franc-tireur dont la mort cruelle a excité tant de sympathie, dont le courage a eu tant d'admirateurs. Chacun a appris, en effet, les circonstances particulières et remarquables qui, entre tant d'autres victimes de la guerre, ont distingué et mis en lumière ce courageux enfant, et ont attiré sur lui les regards et l'attention de tous : On sait qu'il était resté le seul fils d'une mère qui, après la perte de son mari et de ses premiers enfants, avait reporté sur lui toute sa tendresse et tout son attachement.

Entouré de ses nombreux amis que lui avaient faits la générosité et la franchise naturelle de son caractère, libre par sa jeunesse, du service militaire, il avait devant lui un long avenir de paix et de bonheur. Ce bonheur qui lui était promis, ses affections, jusqu'à sa vie même, il a tout sacrifié à son pays. Un jour, jour à jamais funeste, le 20 novembre 1870 (date gravée en caractères ineffaçables dans la mémoire de sa mère, de ses parents et de ses amis), à Nuits, après quelques heures d'un combat inégal, sa valeur le retenant encore en face de ses ennemis, alors que ses camarades se retiraient accablés sous le nombre, surpris, entouré, il tomba sous les coups de lâches assassins qui, le voyant désarmé, mais vivant, le redoutèrent encore.......

Sa mère désespérée, traversant les pays livrés aux fureurs de la guerre, put, après mille efforts, mille dangers, obtenir enfin son corps et le faire transporter chez elle, où on lui rendit les honneurs militaires avant de lui donner la sépulture. Depuis ce temps, Mme Mesny de Boisseaux a fait construire un caveau funéraire, afin d'y réunir au corps de son mari et de ses autres enfants déjà défunts, les restes de son glorieux fils. C'était le but de la cérémonie qui à été célébrée à Champagne le 8 février 1872, et dont nous voulons dire quelques mots.

Dès le matin étaient arrivés tous les amis de la famille, qui avaient tenu à donner à une mère affligée ce témoignage de leur affection et de leur sympathie. Trois jeunes francs-tireurs de Poligny avaient aussi voulu voir une dernière fois le cercueil renfermant leur compagnon d'armes ; quelques camarades de Collége les accompagnaient. Tous les habitants du village s'étaient joints au cortége, ayant abandonné leurs travaux habituels pour prouver, par leur présence, combien ils regrettaient celui qu'ils nommaient le bon monsieur Léon.

Lorsqu'on eut béni à l'église le corps de M. Mesny père, on se mit en marche et l'on arriva au cimetière où reposait, entouré de draperies d'une éclatante blancheur, le cercueil de notre malheureux ami, qu'on avait exhumé.

Là, M. David, curé de Montbarrey, prit la parole à ce double titre d'ami du défunt et de prêtre, et de sa voix émue, fit entendre de touchantes paroles qui firent peu à peu pénétrer l'espérance et la consolation dans le cœur des assistants, dont le visage était tout d'abord empreint de douleur et de désespoir. Voici quelques-unes des paroles qui ont le plus frappé notre esprit : « La religion, dit-il, doit toujours intervenir dans des occasions comme celle-ci, et faire voir qu'elle veut être aussi bien près du héros qui a succombé sur le champ de bataille pour une noble cause, qu'au chevet du pécheur à son lit de mort; c'est elle qui doit affirmer que si le soldat a bien mérité de la patrie, il a droit à l'admiration de ces concitoyens, il a droit aussi aux prières de l'Eglise et a sa place marquée d'avance au ciel; car celui qui s'est montré capable d'un si grand dévouement, d'une si rare abnégation, celui-là savait que tout n'est pas fini quand la vie s'est retirée du corps; celui-là croyait qu'il y a autre chose en nous que cette matière périssable. En effet, s'il ne l'avait cru, s'il en avait seulement douté, il ne serait point mort ainsi : On ne peut trouver de courage et de dévouement au pays que dans ceux qui ont foi dans une autre vie. Un athée n'a point de patrie et ne mourra jamais volontairement pour elle.

« Oui, a-t-il ajouté en s'adressant au mort, oui, l'Eglise te bénit, l'Eglise implore Dieu pour toi qui t'es offert en sacrifice pour tes concitoyens, mourant pour ton pays, comme autrefois les Chrétiens mouraient pour leur religion, toi qui as été un martyr du patriotisme, comme ils furent les martyrs du Christianisme naissant ! Et de même que le souvenir des premières victimes des persécutions païennes s'est transmis jusqu'à nous, de même ton nom traversera les siècles !.... »

Et sa voix inspirée déjà s'était éteinte que nous l'écoutions encore; il avait lu dans le fond de nos âmes, il y avait fait vibrer la corde que de tels accents peuvent émouvoir; il avait su toucher nos cœurs contractés par la douleur, en tirant de la tombe de notre pauvre ami ce grand enseignement, en faisant sortir cette vérité dont tout homme a conscience : c'est que celui qui a succombé pour son pays n'est pas replongé dans le néant pour jamais, c'est qu'il vit, qu'il vit au ciel et y reçoit sa récompense.

Puis un des plus anciens amis de Léon, son camarade de collége, presqu'un ami d'enfance, prononça quelques mots au nom des francs-tireurs présents, au nom des jeunes gens qui l'avaient connu lorsqu'il était étudiant à Dole, et l'ayant toujours aimé, avaient voulu lui rendre ce suprême hommage, il montra que son exemple hâterait le moment de la délivrance, ce moment si impatiemment attendu, où sonnera enfin l'heure du grand réveil qui nous rendra notre liberté, et fera que tous ceux qui sont couchés dans la tombe, pour la même cause que Léon Mesny, se voyant vengés, dormiront d'un sommeil plus doux.

Et la foule s'écoula après avoir, une dernière fois, considéré le cercueil avec douleur et respect.

Bientôt, à cette même place, s'élèvera un monument qui rappellera aux générations futures que, si les Français ont été vaincus dans cette guerre, du moins il en est qui se sont voués à la mort pour jeter un peu de gloire sur notre défaite ; monument qui restera comme une éternelle protestation du courage malheureux et impuissant, et sur lequel on pourrait, à juste titre, graver comme l'ont fait les anciens sur les tombeaux de quelques-uns de ces hommes dont les noms nous ont été transmis par l'histoire, cette inscription dont la simplicité leur paraissait pleine d'éloquence : *Sta, viator, heroem calcas.*

Un ami de Léon Mesny.

Voici le discours prononcé par M. Paul Legrand, à cette même cérémonie.

Messieurs,

Un an déjà s'est écoulé depuis le jour néfaste où, réunis dans cette enceinte funèbre, nous avons confié à la terre le corps de Léon Mesny, lâchement assassiné par nos ennemis cruels.

Depuis cette époque, de nouveaux malheurs sont venus fondre sur nous. La patrie, privée de ses plus courageux défenseurs qui s'étaient fait tuer pour elle, est tombée agonisante sous les coups des Prussiens, et l'invasion étrangère, avec son cortège habituel de honte et d'humiliations, a mis le comble à notre infortune. Nous avons vu, — souffrance inouïe, — le sol sur lequel étaient morts nos soldats, la place où reposent les martyrs de la liberté et du patriotisme, foulés sous les pas impies de leurs meurtriers, et ce n'était point assez, grand Dieu ! Après avoir méprisé tous les usages de la guerre faite entre nations civilisées, après qu'ils se furent joués à plaisir des lois imprescriptibles de l'humanité, ces barbares, pour se justifier de leurs crimes, ont tenté de jeter l'insulte à ceux qu'ils avaient immolés : « Les francs-tireurs, ont-ils dit, n'étaient pas des soldats, les lois de la guerre n'existaient pas pour eux. » Et, chose pénible à avouer, il s'est trouvé des Français pour partager cette opinion, pour oser même la manifester, et, je le dis ici pour eux, s'il est toujours infâme, en quelque occasion que ce soit, de mépriser cette prescription sacrée : « respect aux morts! » quel nom donner à ces citoyens indignes qui cherchent à couvrir de mépris ceux qui sont allés d'eux-mêmes présenter leur poitrine aux balles ennemies pour protéger leurs calomniateurs!.....

Ils n'étaient point des soldats! Qu'étaient-ils donc alors? Vous oseriez presque dire qu'ils furent criminels!

Ah! brave Mesny, en entendant ces paroles outrageantes, n'as-tu pas frémi dans le tombeau qui t'enferme.

Mais ne crains rien! Une voix plus puissante que celle de la calomnie doit un jour prendre ta défense et celle de tes compagnons martyrisés comme toi : C'est la grande voix, la voix impartiale de l'histoire, la voix de la justice, la voix de l'humanité, qui s'élèvera dans la postérité pour proclamer à la face de tous, lesquels dans cette guerre furent les soldats, et lesquels furent les assassins!.......

Alors croulera cette puissance dont s'énorgueillissent tant les Prussiens, cette puissance qui, à l'heure présente, rend les autres nations muettes de terreur, car Dieu ne peut que punir tôt ou tard un peuple qui fait périr dans les tortures les prisonniers qu'il a fait sur l'ennemi, car le grand réveil de l'Europe aura lieu enfin, et ces guerriers si fameux maintenant, seront précipités du haut de ce piédestal qu'ils se sont élevé en amoncelant des cadavres. Et c'est ainsi, chères victimes, que votre sacrifice, quoique n'ayant pu les empêcher de souiller nos foyers de leur odieuse présence, n'aura pas été pourtant inutile à la patrie, car il aura fait germer la vengeance; que dis-je, la vengeance! Non, non, ce ne sera point la vengeance, mais ce sera la justice!

Pardonnez, Messieurs, à mon animation qui pourrait, en ces lieux, peut-être paraître inopportune à quelques-uns; le champ du repos suprême ne doit pas être une tribune, je le sais, mais n'est-ce pas en quelques mots donner satisfaction au défunt, n'est-ce pas le glorifier que de lui dire, comme s'il pouvait encore nous entendre (et, pardonnez à ma naïve croyance, je crois qu'il le peut), lui dire bien haut que les larmes que nous versons ne seront pas stériles, que son exemple fera naître des imitateurs de son héroïsme, et lui suscitera des vengeurs; et qu'un jour peut-être, le temps n'est-il pas aussi éloigné que nous le pensons, cette France qu'il aimait tant, à laquelle il s'est ainsi dévoué, reprendra possession de son intégrité et de sa liberté, qui, hélas! si un plus grand nombre avait ressemblé à celui que nous pleurons, ne nous auraient pas été ravies.

L'éloge de ses qualités privées serait presque inutile, il est dans toutes les bouches. Chacun a connu son affabilité, sa bienveillance, chacun sait quelle affection véritable il avait su inspirer à tous ceux qui l'approchaient. C'était en effet un de ces rares caractères vers lesquels on est naturellement entraîné ; il était tout en bonté, comme il était tout en courage ; aussi j'affirme que, parmi les personnes qui le connaissaient, il ne s'était pas fait, je ne dirai pas un ennemi, mais pas un indifférent. Tous, au contraire, se disaient ses amis, et ce titre maintenant est pour nous un honneur. Quant aux sentiments patriotiques dont il était animé, à l'élévation de son âme, personne n'ignore avec quelle ardeur, dès qu'il a vu son pays en danger, il a couru volontairement à sa défense, quittant dans ce noble but, parents, amis, plaisirs, fortune, et s'arrachant aux bras de sa mère, sa mère chérie, Messieurs, à laquelle il a légué en mourant le plus noble héritage qu'un fils puisse laisser à ses parents, c'est-à-dire un nom illustré par sa valeur, la sympathie et le respect de tous, mais hélas ! en même temps une de ces douleurs qu'on ne console pas.

Au reste, pour peindre son courage, sa grandeur d'âme, quelles paroles seraient aussi éloquentes, aussi expressives, quelle preuve en pourrait-on donner d'aussi frappante, que cette tombe muette qui est là devant nous. Voilà sa dernière demeure ; sa mère infortunée a voulu que son corps fut placé au milieu des membres de sa famille, entre son mari et ses autres enfants, que le sort, dans ses rigueurs, lui avait enlevé déjà !

Que son corps ici repose en paix, et que son âme reçoive dans un autre séjour la récompense qui, — quoiqu'en puisse dire un fanatisme aveugle et cruel, — est assurée à tous ceux qui sont morts pour défendre leur mère, pour repousser l'étranger.

Et nous tous, Messieurs, qui en ce jour avons voulu lui rendre un dernier hommage, lui dire un dernier adieu, emportons avec nous le souvenir de son dévouement; conservons précieusement sa mémoire, et que le nom de Léon Mesny ne soit jamais autrement prononcé qu'avec respect et admiration.

Paul LEGRAND.

LE COMBAT DES FRANCS-TIREURS.

Le côteau pétillait comme une charbonnière :
Ils étaient là trois cents. — Chacun à sa manière
Était posté : les uns par des arbres cachés,
D'autres sous les buissons, sur la terre couchés.
Au milieu des obus, du ronflement terrible
Des bombes éclatant avec un bruit horrible,
Des balles, des boulets qui sifflaient autour d'eux,
Au sein de ce fracas, de ce tumulte affreux,
Recueillis, attentifs, calmes, inébranlables,

Et sans paraître émus des clameurs effroyables
S'élevant de la plaine où tous leurs ennemis
Se déployaient aussi nombreux que les fourmis,
Et fusil dans les mains, poignard à la ceinture,
Sombres et résolus, écoutant ce murmure,
Ces cris sourds, ces clameurs, et puis le bruit des pas
De ceux qu'ils entendaient, mais qu'ils ne voyaient pas,
Bruit sans cesse montant, semblable à la marée,
Ils attendaient!....
        Soudain, le rideau de fumée
Qui s'étendait au loin, dissipé par le vent,
S'éleva. Les Prussiens, saisis d'étonnement,
Effrayés de ce calme, un moment s'arrêtèrent :
Comme instinctivement, tous alors hésitèrent.
Un cri part....et soudain mille coups de fusils
Eclatent.... Leurs soldats de terreur sont saisis.
Au milieu de leurs rangs la mort fait cent victimes,
Ils semblaient déjà voir s'entr'ouvrir mille abîmes.
Les trois cents francs-tireurs, la rage dans les yeux,
Surgissant tout-à-coup, les chassent devant eux.

. . . .

. . . .

Pendant tout ce combat, un jeune homme à leur tête
Les animait. Ses yeux aspiraient la tempête.
O mon brave Léon, il me semble te voir,
Le visage enflammé, l'éclair dans ton œil noir,
Les armes à la main, la tête échevelée,
Ardent, audacieux, courant dans la mêlée.
—Amis, dit-il, ils ont plié sous notre effort,
Nous avons la victoire enfin! — C'était la mort.
Nos jeunes combattants, retenant leur haleine,
Entendaient en effet à leurs pieds, dans la plaine,
Un bruit funèbre et sourd, prolongé, continu,
Sombre bruit qui ne leur était pas inconnu :
C'est l'immense galop de la cavalerie,
Le grand piétinement des corps d'infanterie,
Puis, derrière, le bruit terrible des canons
Avec leur lourds affûts, suivis de leurs caissons :
Ce qui venait était caché par la fumée ;
Mais on l'entendait bien, c'était toute une armée,
Et l'on voyait déjà ses premiers éclaireurs,
Lorsque le capitaine : « — Allons, mes francs-tireurs,
Il faut, vous le voyez, songer à la retraite,

Gardons-nous de changer nos succès en défaite.
Partons ! pour nous venger nous aurons d'autres jours. »
Et l'ennemi montait, montait, montait toujours !.....

LA MORT.

Un seul était resté : c'était Léon lui-même.
Oh ! que se passa-t-il, à cette heure suprême,
Dans ce cœur de jeune homme, et quel fut son dessein ?
Le courroux du soldat gronda-t-il dans son sein ?
Ou cœur trop valeureux, âme trop héroïque,
Voulut-il du destin du grand héros d'Attique,
Qui rechercha la mort pour se faire un grand nom ;
Le fit-il pour la gloire ou le souvenir ? — Non.
Il resta parce qu'il voulut encore combattre,
Lutter contre le sort et qu'il voulut abattre
Un de ceux qui venaient opprimer son pays,
Et vainqueurs des Français, les avaient envahis.
Il est des actions sublimes qu'aucun homme
Ne pourrait expliquer ; de sa part ce fut comme
La protestation d'un profond désespoir.
Dieu seul a pu comprendre, et Dieu seul a pu voir
Ce qui s'est fait alors au fond de sa pensée,
Et cette impression, Dieu ne l'a pas tracée.
— Fut-ce sa destinée ou fut-ce un coup du sort ?
Qu'importe maintenant pour nous, puisqu'il est mort.

LA NOUVELLE.

Le soleil se levait dans une aube enflammée ;
La vitre du hâmeau paraissait allumée ;
Le soc du laboureur laissé dans les sillons
Réfléchissait la pourpre et l'or de ses rayons ;
Il dorait le sommet des côteaux de Champagne,
Et sa lumière à flots innondant la campagne
Eveillait l'habitant caché dans sa maison.
Les oiseaux s'agitaient et chantaient leurs chansons,
Tout rendait grâce à Dieu d'une telle journée.
Je marchais lentement et la tête inclinée,
Au sein de cette joie, au sein de ce bonheur,
Moi seul avais le deuil et la mort dans le cœur.

La fin de mon ami sans cesse à ma pensée,
En traits bien plus frappants se trouvait retracée :
A chaque pas c'était un nouveau souvenir ;
Hélas ! tous ces beaux jours ne peuvent revenir.
Ces lieux, nous les avions tous parcourus ensemble.
La Loue avec ses bords, où le saule et le tremble
Forment, par leurs rameaux, un charmant rideau vert
Nous voyait, le matin, dans cet endroit désert,
Cherchant à modérer, d'une main inhabile,
De Marc, le vieux passeur, la barque trop agile,
Et malgré nos efforts, entraînés par les eaux
Qui nous perdaient toujours au milieu des roseaux,
Et là, prêtant l'oreille au murmure de l'onde,
Au bruit plus éloigné de l'écluse qui gronde,
Au doux frémissement du vent dans les rameaux,
A la cloche qui tinte au loin dans les hâmeaux,
A l'oiseau de marais dont l'aile agile effleure
La forêt de grands joncs qui frissonne et qui pleure,
Enfin à tous ces bruits sourds, confus, incertains,
Qu'on entend de la rive ainsi tous les matins,
Au moment où la nuit couvre encor de son ombre
Le village, les champs, le moulin, le bois sombre,
Et le riche castel, et la pauvre maison,
Quand seul un cercle d'or rougissant l'horizon,
Perçant l'obscurité qui l'enveloppe encore,
Montre à nos yeux ravis que c'est enfin l'aurore.
O vous ! pins élancés, vous, noyers chevelus,
Et vous, grands peupliers, vous ne nous verrez plus
Pour chercher quelques nids suspendus à vos cimes,
Balancés par les vents, au-dessus des abîmes.
O ! je revois encore au sommet du rocher,
Sombre roche où le grand épervier vient percher,
Par un haut sycomore à tous les yeux voilée,
Près du pauvre couvent la chapelle isolée.
Nous n'irons plus vers elle, au lever, le matin,
Contempler à nos pieds le sinueux chemin
Qui s'étend comme un fil blanchâtre dans la plaine,
Et qu'au fond de l'abîme on aperçoit à peine ;
Et la Loue à côté comme un ruban d'argent,
Déroulant ses replis sous le reflet changeant
Du soleil qui paraît derrière la montagne ;
Et puis, dans le lointain, le clocher de Champagne ;
Nous ne descendrons plus, nous tenant par la main,

Dédaignant tout sentier, dédaignant tout chemin,
A travers les buissons, à travers les épines,
Nous détournant pour voir, dans le haut des collines,
Le vieux château qui garde à peine une ou deux tours,
Et perché sur le roc comme un nid de vautours ;
Et bien plus haut encor, l'humble et pauvre chapelle
Qui porte sur son toit la croix qui nous rappelle
Que pour tous les humains, en tout temps, en tout lieu,
Au bas comme au sommet, partout.... il est un Dieu,
Et placée au milieu de ces roches arides,
Brûlantes, sans ombrage et sans ruisseaux limpides,
Elle nous apparaît avec ses arbres verts,
Semblable à l'oasis au milieu des déserts.
O mes doux souvenirs, que rien ne vous arrête !
Retracez-moi la vieille et rustique retraite
Qui nous servait d'abri dans les jours des chaleurs,
Quand, les bois parcourus, gais et joyeux chasseurs
Nous venions pour chercher le repos dans son ombre.
Ce n'est point une grotte, une caverne sombre
Dans laquelle on entend le grondement des eaux ;
Au contraire, elle sert de retraite aux oiseaux.
Chaumière abandonnée et pauvre, la nature
A décoré ses murs de touffes de verdure.
Devant est un noyer par le fer délaissé ;
Par l'outrage des temps, le seuil est affaissé ;
Etendant ses longs bras sur les pierres roulantes,
Le lierre soutient seul ses murailles croulantes ;
Une source à côté laisse tomber ses pleurs ;
A la fenêtre on voit de l'aubépine en fleurs ;
Et le rouge églantier, encadrant son portique,
Et grimpant sur le haut de son chaume rustique,
Mêle, entrelace, unit, étend ses longs rameaux
Où se cache au printemps le nid des passereaux
Qui font entendre au loin leurs discordants ramages.

. . . .

Mais pourquoi de ces lieux conserver les images ?
Cette maison, pourquoi sans cesse la revoir ?
A quoi sert de songer, puisqu'il n'est plus d'espoir ?
Et suivant le chemin qui parcourt la prairie,
L'esprit tout occupé de cette rêverie,
Je marchais sans rien voir et le front abaissé,
Oubliant le présent en songeant au passé.
Ainsi, le voyageur que la fatigue accable,

Qui ne voit devant lui que les rocs et le sable,
Et le désert immense, et la faim, et la mort,
Triste, découragé, désespéré, s'endort.
Alors tout change. — Il voit son pays, sa famille,
Il revoit son épouse, et son fils, et sa fille,
Sourit dans son sommeil, se croyant auprès d'eux
Sous le toit paternel. — Vient le réveil affreux :
Son bonheur, son retour chez lui, tout est mensonge ;
Il a vu ses enfants, mais ce n'était qu'en songe ;
Il est là sous le ciel, au désert, faible, seul,
Couché dans le manteau qui sera son linceul.
Les souvenirs souvent à la douleur font trève.
Ainsi j'avais marché m'abandonnant au rêve :
Mais j'étais au réveil, c'est de même pour tous ;
Plus nos malheurs sont grands, plus nos songes sont doux.
Et déjà mon esprit oubliant les rivages
Dont mon cœur tout-à-l'heure invoquait les images,
Au lieu du toit riant, enfoui sous les fleurs,
Me montrait sa maison déserte et toute en pleurs ;
Car je voyais déjà la grille de l'entrée,
Le grand balcon de fer et la porte vitrée
Du salon. Le jardin, autrefois si fleuri,
N'avait plus qu'un rosier par l'automne flétri ;
Les plantes en désordre erraient dans les allées,
Et les ronces aux fleurs étaient partout mêlées.
La tristesse régnait en ces lieux, et le deuil,
Je l'apportais.... Pensif, hésitant, sur le seuil
Un instant je restai l'âme toute occupée.
Oh ! de quel coup sa mère allait être frappée !
J'entrai.... Son pauvre chien couché vers le foyer,
En entendant mes pas, vers moi vint aboyer.
Peut-être croyait-il voir revenir son maître.
Mais détournant les yeux, je la vis apparaître.
Surprise, elle me dit : — « Ah ! Monsieur, vous voilà.
« Comme Léon serait content s'il était là !
« Il me donne depuis trois mois bien des alarmes.
« Mais pourquoi cet air sombre et pourquoi donc ces larmes ?
« Je lis dans vos regards et tristesse et douleur.
— « Madame, votre enfant.... un immense malheur....
— « Mon fils ! O ciel ! Mon fils ! — Mais non, c'est impossible.
« Mon pauvre enfant mourir ! ce serait trop horrible.
« Qu'ai-je donc fait à Dieu pour qu'il m'afflige ainsi ?
« Oh ! non, c'est pour me voir que vous êtes ici ?

« Mais enfin, répondez, que veniez-vous me dire ?

« Je suis ferme, voyez, j'ai sur moi de l'empire.

« Et puis, tenez, voici sa lettre d'hier soir.

« Mais non, pas celle-ci ! ... Je n'y puis plus rien voir,

« Mais parlez ! vous voyez bien que je me rassure,

« Mon enfant vit encore, oh ! oui, j'en suis bien sûre,

« Dieu ! quelle incertitude et quel malheureux sort,

« Ah ! Monsieur, dites-moi, dites : il vit ! — Il est mort...

« Madame, nous avons pu recueillir sa cendre.....

— « Il est mort ?... Il est mort ?... Oh ! que viens-je d'entendre.

« Qui donc viens de parler ?... Oh ! n'est-il plus d'espoir ?...

« Mais pourrai-je, Monsieur, pourrai-je au moins le voir ?...

« Etes-vous sûr ?... Pourtant ces lettres sont les siennes.

— « Hélas ! il est tombé sous les balles prussiennes,

« D'une blessure au front, au milieu du combat ;

« Sans souffrir il est mort de la mort du soldat.

— « Je le verrai, vous l'avez dit, je le verrai ?

« Je pourrai le revoir, je le reconnaîtrai,

« C'était mon seul espoir, c'était ma seule joie,

« Une dernière fois il faut que je le voie,

« Je vais partir de suite ; aller chercher son corps,

« Pour cela je suis forte, allez ! »

Tous mes efforts

Ne la retinrent pas, et retenant ses larmes,
Au milieu des pays pleins de soldats en armes,
Méprisant tout danger, faible femme elle alla,
Et lorsque je revins, son enfant était là.

O malheureure mère, un désespoir sans borne
Etait peint sur ses traits : son visage était morne ;
Son œil sombre, abattu, ne gardait plus de pleurs.
Elle avait épuisé la coupe des douleurs.
— « Est-ce bien vrai ? Mon fils mort ! Est-ce bien possible ? »
Disait-elle tout bas, et son œil insensible
Semblait chercher quelqu'un : — « Non, il n'est qu'endormi. »
Et nous voyant : — « Messieurs, il était votre ami,
« Vous savez si son cœur était franc, bon et tendre,
« Combien il vous aimait, il me semble l'entendre :
« Quand il parlait de vous, plus douce était sa voix ;
« Sa voix, oh ! je t'entends, et lui, je le revois
« Tel qu'il était avant cette blessure horrible.
« Oh ! Messieurs, n'est-ce pas, c'est un songe terrible.
« Je le vois comme en rêve, il me semble qu'il dort,

« Qu'il va se réveiller bientôt..... Non, il est mort !
« Il est mort, il est là, sous ces planches funèbres,
« Froid, inerte, sans vie, en proie à ces ténèbres,
« Dans la nuit du tombeau, couché dans un linceul,
« Il est dans ce cercueil, enfermé, là, tout seul,
« Sans sa mère, oh ! mon Dieu ! sans sa mère éplorée !!!
« Ah ! voyez-vous, Messieurs, j'ai la tête égarée :
« J'ai tant souffert depuis deux jours... Mon cœur se fend
« Quand je pense qu'on m'a tué mon pauvre enfant ! »

LE DERNIER ACTE

Au lever du soleil, nous portâmes la bière
Sous un grand sycomore, au coin du cimetière,
Suivis d'un grand concours de peuple réuni :
Tout le monde l'aimait.
                    Lorsque tout fut fini,
Je sortis, me livrant à ma triste pensée ;
Oh ! disais-je, la joie est bien vite passée :
Après le bonheur vient souvent le désespoir,
On se croit à l'aurore, et l'on se trouve au soir.
O glorieux ami, repose en paix, repose !
Mourir pour son pays est une grande chose.
Tu pouvais vivre en paix, riche, heureux, ignoré....
Que ton nom parmi nous soit toujours honoré.
Tu t'es sacrifié pour notre pauvre France,
Au bonheur ici-bas, à la douce espérance,
A la jeunesse ardente, au plaisir, aux amours,
A tout ce qui pouvait énivrer les longs jours
Et te charmer pendant le cours de cette vie,
La richesse et les biens que tout le monde envie,
Et la force, et la joie, et de nombreux printemps,
A l'âge où l'on commence à vivre, à dix-huit ans.
Hélas ! tu préféras une mort glorieuse.
O cœur trop valeureux, âme trop généreuse,
Tu délaïssas la terre afin d'avoir le ciel,
O ! jouis à jamais du bonheur éternel !.....

. . . .

Et moi, plus malheureux, resté sur cette terre,
En rêvant, je verrai toujours ce cimetière,
Je reverrai toujours cet endroit isolé,
Ce village, ces bois, où nous avons coulé

De si beaux jours ensemble. — Et que les destinées
Me laissent quelques jours, ou de longues années ;
Que je sois dans la peine ou bien dans le bonheur,
Là, sera ma pensée, et là, sera mon cœur.

Gondrey, 21 décembre 1870.   Paul LEGRAND.

———

Les Prussiens l'avaient fusillé lâchement,
Non point dans la fureur brutale du moment,
Mais ils l'avaient frappé d'abord à coups de crosse,
A coups de sabre avec une lenteur féroce,
Le poussant devant eux et du poing et du pied,
Puis ils l'avaient tué sans honte, sans pitié :
C'était presque un enfant, c'était un volontaire.
Un paysan l'avait trouvé gisant à terre,
Et comme abandonner un mort, lui semblait mal,
Il avait emporté le corps à l'hôpital.
Or, le lendemain soir, nous étions là, très-graves,
Croyant à peine encor qu'on fusillât les braves,
Et que ces Allemands fussent assez hardis
Pour nous exécuter comme de vrais bandits.
Il faisait nuit : les nuits sont tristes en novembre.
Une très-vieille sœur nous mena dans la chambre
Où l'on dépose ceux qui sont morts ; elle allait
Muette : dans sa main la lumière tremblait,
Et sa coiffe à grands plis, raide, empesée et dure,
Son long chapelet noir, tombant de sa ceinture,
Son visage où le temps avait mis ses sillons,
Son œil calme où semblaient mourir les passions,
Lui donnait le bizarre aspect de ces mystiques
Qu'on voit sur les vitreaux des églises gothiques.
Elle dit : « C'est ici. » — Les corps des trépassés
Saillaient sous leurs linceuls, rigides et glacés ;
Vaguement aperçus dans la demi-lumière,
Ils avaient la blancheur des ébauches de pierre.
Des sentences en noir, peintes grossièrement
Le long des murs, parlaient du dernier jugement,
Du Paradis en joie et de l'Enfer en flammes,
Du néant de la vie et du salut des âmes.
Lorsque la sainte femme eut ouvert le cercueil,
On frémit, et plus d'un eut une larme à l'œil

En le voyant sans vie entre ces quatre planches ;
Pourtant il souriait toujours, et ses dents blanches
Que sa bouche laissait voir encore à demi,
Semblaient nous regarder avec un air ami.

. . . .

Or, tandis que parlant à voix basse et très-pâles,
Nous regardions ce corps tout troué par les balles,
Murmurant un adieu solennel à celui
Qui s'était fait tuer où d'autres auraient fui,
Courbés par la douleur, presque par la prière,
La sœur nous dit : « Messieurs, c'est dix francs pour la bière. »

Charles GRANDMOUGIN,
de Vesoul, ex-franc-tireur du Jura.

————

Au cri jeté par la patrie,
Son cœur français avait frémi,
Et pour combattre l'ennemi,
Il quitta sa mère chérie.....

Nous étions à peine trois cents,
Echelonnés sur la montagne,
Et l'on voyait dans la campagne
Des bataillons toujours croissants.

Les ennemis, pendant cinq heures,
Avaient dû répondre à nos coups,
Mais braquant leurs canons sur nous,
Ils nous font quitter nos demeures.

Chacun va chercher un abri
Contre la bombe meurtrière,
Mesny resta seul en arrière,
Atteint d'un malaise subit.

Le canon cessait son tonnerre,
Et, descendait l'ombre des nuits,
Quand les Prussiens, auprès de Nuits,
L'aperçurent, gisant à terre.

Il était seul, ils étaient cent ;
Mais dans son maintien qui les brave

Il montra qu'il était un brave
Aux ennemis ivres de sang.

Devant cet enfant sans défense,
Les assassins tremblants, ont peur,
Et de Mesny, le franc-tireur,
Ils font un martyr de la France.

Tes compagnons, héros ! martyr !
Rendent hommage à ta mémoire ;
Ton nom est gravé dans l'histoire,
Tu vis dans notre souvenir......

Emile BOLARD, de Poligny

LE MARTYR D'UN BRAVE.

La ville était lugubre et morne.
Immobile comme une borne,
La sentinelle au casque noir
Veille, fidèle à son devoir.....
Tout-à-coup le sabre qu'on traîne,
Et que l'on tire hors de sa gaîne,
Se mêle au bruit de cent hourras,
Et l'on vit traîner par les bras,
Léon Mesny, le volontaire.
D'autres le frappaient par derrière,
Comme si c'était un bandit,
Riant de ce rire abruti
Où se montrait toute leur joie.
Mais bientôt fondant sur leur proie,
On les vit frapper tour-à-tour,
Avec la rage du vautour,
Cet enfant qui n'avait pour armes
Que son courage et que ses larmes,
Frappant jusqu'à l'heure où la mort
Vint terminer son triste sort.
On assure, et je le répète,
Qu'on les vit (encore vivant)
Soulever ce corps sanglant
Aux pointes des baïonnettes.

. . . .
. . . .

Après cet horrible massacre,
Et s'énivrant à l'odeur âcre
De la poudre et du sang fumant,
On vit un barbare allemand,
Repu comme un tigre féroce,
Frapper encore à coups de crosse,
Le cadavre de cet enfant.

Emile BOLARD.

La Mairie de Champagne vient de recevoir le portrait en pied, de grandeur naturelle, de Léon MESNY DE BOISSEAUX. C'est un nom que la commune fait bien de revendiquer comme lui appartenant, et dont elle peut être fière à juste titre.

GÉNÉALOGIE

de la famille DE BOISSEAUX, et services rendus par cette même famille.

Philippe De BOISSEAUX, mort sur la brèche en défendant Nozeroy, assiégé et pris en 1639 par les Suédois, commandés par le féroce duc de Saxe-Weimar.

Jean-Antoine De BOISSEAUX, Capitaine de Dragons en 1694 ; Adjudant-Général de Dom Diégo ; Maître de Camp en 1695 ; se distingua à la bataille de Hassarde, au siège de Casal ; obtint du roi une pension de vingt-cinq écus d'or par mois pour ses bons services ; remplaça le célèbre capitaine Lacuzon pour défendre le château de Vaudrey. — Mort à Milan en 1696.

Pierre-Philippe De BOISSEAUX, Capitaine d'Invalides, mort à l'Hôtel en 1755.

Il commanda au fort Griffon, à Besançon, en 1730 ; décoré de la croix de l'ordre royal de Saint-Louis.

Jean-Antoine De BOISSEAUX, frère du précédent, Capitaine au régiment de Lorraine en 1711 ; Chevalier de Saint-Louis le 20 août 1737 ; marié à Ursule-Gasparine, Duchesse de Châlons-d'Arlay, en 1720 ; mort à Vers en 1760.

Messire Henri-Joseph De BOISSEAUX De CHALONS, fils du précédent, Capitaine de Grenadiers-Royaux en 1768 ; Chevalier de Saint-Louis ; mort à Salins le 7 avril 1781.

François-Xavier De BOISSEAUX, Capitaine de Milice, Chevalier de Saint-Louis, assassiné sur les hauteurs de Quingey par des recrues qu'il conduisait à Besançon ; enterré à Bussy en 1764.

François-Joseph De BOISSEAUX, Capitaine d'Infanterie, Chevalier de l'ordre militaire de Saint-Jean-de-Latran le 18 janvier 1771 ; mort au service du roi en 1774.

Charles-Joseph De BOISSEAUX, Conseiller-Assesseur au bailliage de Pontarlier, mort en 1722.

Jean-Baptiste-Ignace-Hyacinthe De BOISSEAUX, Prêtre, Docteur en théologie, Chanoine de l'insigne Eglise collégiale de St-Anatoile de Salins, Aumônier du Corps royal d'Artillerie, régiment de Grenoble, à Strasbourg, le 22 décembre 1781.

Henri-Joseph De BOISSEAUX, Garde et Caissier principal provisoire d'Artillerie à l'armée d'Italie, licencié en l'an ix; Officier démissionnaire, qui a reçu la lettre suivante :

MINISTÈRE DES FINANCES.   Paris, 18 novembre 1814.

1re Division.

SECRÉTARIAT GÉNÉRAL.

Le Roi, Monsieur, à qui j'ai eu l'honneur de faire connaître votre dévouement à sa personne, et votre zèle pour son service, a permis que je vous autorisasse en son nom à porter la Décoration du Lys.

Il m'est agréable de vous compter au nombre des bons Français dont les sentiments méritent d'être attestés par cet ancien symbole de notre monarchie.

Je vous salue bien sincèrement.

Le Ministre Secrétaire d'État des Finances,
Signé : le Baron Louis.
Par ordre du Ministre :
Le Secrétaire-Général des Finances.
Signature illisible.

À Monsieur DE BOISSEAUX,
Percepteur des Contributions indirectes,
à la Loye.